独裁良相
——张居正

DUCAI LIANGXIANG ZHANG JUZHENG

◎◎主编 金开诚

编著 王 娜

吉林文史出版社

吉林出版集团有限责任公司

图书在版编目（CIP）数据

独裁良相——张居正 / 王娜编著 . 一长春：吉林
出版集团有限责任公司：吉林文史出版社，2010.11（2022.1重印）
ISBN 978-7-5463-4133-0

Ⅰ.①独… Ⅱ.①王… Ⅲ.①张居正（1525～1582）
－传记－通俗读物 Ⅳ.① K827=48

中国版本图书馆 CIP 数据核字（2010）第 222279 号

独裁良相——张居正

DUCAI LIANGXIANG ZHANGJUZHENG

主编/ 金开诚 　编著/王 娜

项目负责/崔博华 责任编辑/崔博华　刘姝君

责任校对/刘姝君 装帧设计/柳甬泽　王丽洁

出版发行/吉林文史出版社　吉林出版集团有限责任公司

地址/长春市人民大街4646号　邮编/130021

电话/0431-86037503　传真/0431-86037589

印刷/三河市金兆印刷装订有限公司

版次/2010 年 11 月第 1 版　2022 年 1 月第 6 次印刷

开本/ 650mm×960mm　1/16

印张/9　字数/30千

书号/ISBN 978-7-5463-4133-0

定价/34.80元

前 言

　　文化是一种社会现象，是人类物质文明和精神文明有机融合的产物；同时又是一种历史现象，是社会的历史沉积。当今世界，随着经济全球化进程的加快，人们也越来越重视本民族的文化。我们只有加强对本民族文化的继承和创新，才能更好地弘扬民族精神，增强民族凝聚力。历史经验告诉我们，任何一个民族要想屹立于世界民族之林，必须具有自尊、自信、自强的民族意识。文化是维系一个民族生存和发展的强大动力。一个民族的存在依赖文化，文化的解体就是一个民族的消亡。

　　随着我国综合国力的日益强大，广大民众对重塑民族自尊心和自豪感的愿望日益迫切。作为民族大家庭中的一员，将源远流长、博大精深的中国文化继承并传播给广大群众，特别是青年一代，是我们出版人义不容辞的责任。

　　本套丛书是由吉林文史出版社和吉林出版集团有限责任公司组织国内知名专家学者编写的一套旨在传播中华五千年优秀传统文化，提高全民文化修养的大型知识读本。该书在深入挖掘和整理中华优秀传统文化成果的同时，结合社会发展，注入了时代精神。书中优美生动的文字、简明通俗的语言、图文并茂的形式，把中国文化中的物态文化、制度文化、行为文化、精神文化等知识要点全面展示给读者。点点滴滴的文化知识仿佛颗颗繁星，组成了灿烂辉煌的中国文化的天穹。

　　希望本书能为弘扬中华五千年优秀传统文化、增强各民族团结、构建社会主义和谐社会尽一份绵薄之力，也坚信我们的中华民族一定能够早日实现伟大复兴！

目录

一、天降少年俊杰

（一）天降奇才

嘉靖四年（1525 年）五月初三，江陵一户普通的农家院热闹异常，一个男孩在家人的期待与梦想中呱呱坠地。这个孩子就是明中叶著名的政治家、改革家、一代首辅张居正。

中国古人多笃信梦兆，他们相信，大人物的出生是上苍的旨意，必有异常

的征兆，张居正的出生亦不例外。据说张居正的母亲赵氏，一天夜里忽然看见室内火光阵阵，随后一个约五六岁的青衣童子，自天上冉冉而下，来到屋中绕床而转，赵氏便怀有身孕了。这个故事大概是赵夫人在儿子显贵以后编出来的，不过张居正的祖父和曾祖父的梦境倒是有根据，真实可信。据张居正的长子张敬修说，就在张居正出生的前夜，张镇（张居正祖父）梦到遍地是水，弥漫屋室。张镇惊慌至极，急问家仆，水是从哪里来的，仆人回答说，水是从张少保（张家先祖）的地里流出来的。同夜，张诚（张居正曾祖）梦到月亮坠落瓮中，满瓮发亮，随后一只白龟浮在水面。张居正出生后，张诚以白龟应月精之瑞，给曾孙取名白圭，与白龟谐音，表达了对这个孙儿的厚望。

（二）初出茅庐

张居正的先世是安徽凤阳人，是朱元璋部下的士兵，曾跟随大将军徐达南征北战，立功浙江、福建、广东，授归州长宁所世袭千户。其后，张居正的曾祖张诚由归州迁往江陵。张居正的祖父张镇为江陵辽王府护卫。张居正的父亲张文明为府学生，曾经屡次参加乡试，均落第。从此饮酒谈谑，放荡不羁，无意于科举致仕。

俗话说"三岁看大，七岁看老"，而

张居正2岁时便显出与众不同。他从小聪颖异常，颇受人们喜爱。据说，张居正2岁的时候，有一天他的同堂叔父龙湫正在读《孟子》，张居正刚好在旁边，龙湫便跟他开玩笑，说人们都说你聪明，能认识"王曰"二字才算聪明。过了几天，龙湫读书的时候，家人又带来了张居正，龙湫把他抱在膝上，翻开书要他找出"王曰"二字，张居正竟然认识，因此得了个神童的美名。张居正5岁即入学读《论语》《孟子》，10岁通六经大义，在荆州府小有名气。

中国封建社会入仕登第的科举考

试，从隋炀帝创设以来，经前后约七百年的经验积累，到明代更加完备，已形成了教育、科举、做官一系列的体系。所有想科举入仕的人都必须就读于中央的学校国子监或各州、府、县的地方学校，各类学校均有参试的定额。考试分为童试、乡试、会试、殿试四级。各级考试均有名额。每考上一级方可获得更高一级的参考资格。府、州、县学的学生称为生员，未取得生员资格的知识分子，不论年龄大小皆称为童生，童生须经过童试（包括县试、府试和院试），方取得生员资格。童试考取者即为秀才。而在院试中名列一、二、三等者即取得乡试资格。乡试每三年举行一次，逢子、卯、午、酉年在各省省城举行，及格者为举人。乡试次年，各省举子会聚京师应进士之试，此即会试，考察应考者对国政时务的见解，会试通过的称为"贡士"。贡士再参加殿试，然后按成绩分为三甲：一

甲取三名，赐"进士及第"，第一名为状元，第二名称榜眼，第三名叫探花；二甲一般为二十名左右，赐"进士出身"，其中第一名称传胪；其余若干名为三甲，赐"同进士出身"，其第一名也称传胪。一甲三人立即授予六七品官职，二甲、三甲者须参加翰林院考试，考中者称"庶吉士"，留院学习三年，学习优秀者留院任编修、检讨等职，其余出任中央及地方的官员。

12岁那年，张居正到荆州府投考。

据说主考官荆州知府李士翱前一天做了个梦，梦见玉皇大帝给他一个玉印，吩咐他转交给一个孩子。第二天荆州府点名的时候，第一个见到的就是张白圭。李士翱仔细一看，正是梦中所见之人，因此替他改名张居正，还说了许多要他自爱的话。荆州府考过之后，正赶上湖广学政田顼大人到来。李士翱便在田顼面前极力称许张居正。田顼爱才，立即召张居正前来面试，出的题目是《南郡奇童赋》，张居正才思敏捷，看完题目后，不假思索一蹴而就。田顼惊异地对李士翱说："你认为这个孩子和贾谊比起来怎么样？"李士翱说："贾谊赶不上他。"贾谊是西汉著名的政论家、文学家。18岁就有博学能文之誉，20岁时被任为"博士"。不仅深受当朝文帝赏识，也颇为后世文人推重。田顼既然将居正比作贾谊，其器重之情可见一斑。当时，田顼刚好得到一部唐北海太守李邕《南岳碑》的

摹本，尚未读完，即赠与张居正。这一次考试，张居正旗开得胜，中了秀才又入了官学。这样，通往仕途的大门，已经向这位意气风发的翩翩少年缓缓开启了。

在张居正考中秀才的第二年，正逢三年一次的乡试在武昌举行。踌躇满志的张居正不愿错过这个早日中举的机会，毅然决然地前去应试。以张居正的学识和才华，中举应该是没有问题的，但是，他这一次偏偏遇上了对人才培养有自己独到见解的湖广巡抚顾璘。

顾璘是应天府（今南京）上元县人，为当时文坛闻名遐迩的才子，他与同乡陈沂、王韦并称为金陵三俊。顾璘认为，早熟的天才少年，如果成长道路过于顺利，就可能变得轻狂、浮躁与傲慢，这反而有碍以后的发展，甚至会因此断送前程。顾璘来到武昌后，对张居正有所耳闻，出于对张居正的爱护，他特地对监试的冯御史交代道："张居正是个天才少年，早些发达没有什么不好，但他毕竟只有13岁。如果让他再迟几年中举，恐怕会更加前程无量的。"这次张居正虽因深受湖广按察陈束的欣赏而被力荐录取，但由于顾璘的作用，张居正落第了。

人生第一次挫折，使这个13岁的孩子倍感苦涩，他开始朦朦胧胧地感觉到，世间的事情并非总能如想象那般容易、

顺畅，即使才华出众、少享高名。他多少有些沮丧，但家人的殷切期望，地方官员的器重爱惜，使他不能气馁，况且读书人只有通过科举，由举人而进士，才能步入仕途，施展才干，实现抱负。"凤毛丛劲节，直上尽头竿"，这一年的诗作大致能表达出少年张居正的鸿鹄之志。

三年之后，张居正再应乡试，一举中第。16岁的举人，毕竟还是少年得志，恰巧这时顾璘在安陆（今湖北云梦县）督建皇帝陵园，张居正便前去拜谒。

顾璘对张居正说："古人都说大器晚成，这是指中材而言，你不是中材，我竟耽误了你三年，真心地希望你立志做伊尹、颜回，千万不要以少年秀才自负！"临别时还将自己所束的犀带赠与张居正。这件事给张居正留下了极深的印象，后来他在给同僚的信中曾提到，每当忆及此事，都感激不已。对张居正颇有研究的朱东润先生说："如果张居正早三年中举，也许在湖广添了一个像唐寅那样的

人物，而一生的事业便会在诗酒风流中消逝了。"这说明顾璘既善识才又善育才。而对于起自寒门的张居正来说，这种特别方式的器重与鼓励，无异于快马加鞭。

嘉靖二十三年（1544年），张居正入京会试，失败而归。这一次落第，证实了顾璘的看法是对的。少年名士难免自傲，影响进步。张居正后来对儿子张懋讲到此次失败的原因时，也说是由于少年登科，唾手可得，便恃才傲物，飘飘然所致。所以他对顾璘终身感激。嘉靖

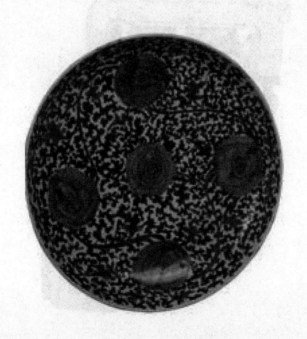

二十六年（1547 年），23 岁的张居正再次入京会试，会试通过后又经殿试，结果中二甲进士，选为庶吉士。

在明代自朱元璋之后，已是非进士不入翰林，非翰林不入内阁。南北礼部尚书、侍郎及吏部右侍郎等要官亦非翰林不任。张居正为庶吉士即入翰林，从此，开始了他参政掌权、坎坷而又辉煌的政坛之路。

二、初出茅庐的政坛新秀

（一）政治生活的开始

嘉靖二十六年（1547 年）的时候，居正为庶吉士。这时政治的大权，都掌握在世宗手里。世宗是一个"英明"的君主，16 岁的时候，他只是兴王，武宗死了，遗诏召他嗣位。他自安陆兴王府入京。到了城外，礼部尚书请用皇太子即位礼，世宗立即拒绝，坚持着遗诏只

是嗣皇帝，不是嗣皇子。16岁的青年，这样的坚决，确实是一个英主的举动。然而在嘉靖二十六年，世宗已经老了。虽然他那时只有41岁，但是皇帝的年龄，和一般人不同。崇高的位置使他对生活失去了上进的追求，于是他开始感到厌倦，再由厌倦感觉到衰迈了。从嘉靖十八年起，世宗已经不视朝；嘉靖二十年以后，便一直在西苑万寿宫，连宫内都不去。嘉靖二年起，世宗在宫中开始修醮，至此更是每天在修醮之中度过了。当时还有前朝、后朝的分别，前朝百官的奏章，是给世宗看的；后朝便是道士的奏章，也是给世宗看的，但是后朝的世宗，只是道士的领袖。这样的世宗，仍然把持着政治大权，一步也不会放松。嘉靖二十六年以后，世宗杀夏言、曾铣、丁汝夔、杨选、杨守谦，乃至杀杨继盛、严世蕃，都是同一心理作用。明代自成祖以来，政治的枢纽全在内阁。其阁员出自皇帝任命的大学士，一般在四五人到七八人。整个内阁表面上只是皇帝的秘书厅，内阁大学士是皇帝的秘书，而内阁首辅不过是秘书厅主任，但皇帝的一切诏谕，都由首辅一人拟稿。在首辅执笔的时候，其余的人只能束手旁观，没有斟酌的余地，即使有代为执笔的时候，也难免再经过首辅的删定。首辅的产生，常常是论资格，所以往往身任首

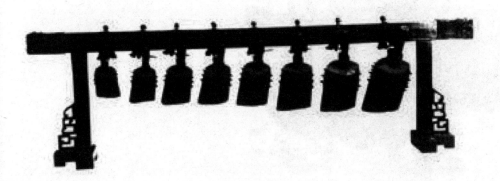

辅数年，忽然来了一个资格较深的大学士，便只能退任次辅。首辅、次辅职权的分限，一切没有明文规定，只有习惯，因此首辅和其余的阁员，时常会有不断的斗争，常常潜伏着污蔑、诋毁，甚至杀机。这样的政治斗争，永远充满血腥。

嘉靖二十六年（1547 年），内阁大学士只有夏言、严嵩二人，严嵩与夏言为了争夺首辅职务，发生了尖锐的斗争。夏言是个有抱负的首辅，他上任后，任用

曾铣总督陕西三边军务。其实，俺答盘踞河套，经常南下犯边，杀掠人口，抢夺财物。曾铣是个头脑清醒的边帅，他屡败俺答，建议整顿军备，发兵收复河套，并提出了作战方略，得到首辅夏言的支持。明世宗对于收复河套计划也是赞同的。但世宗是个昏庸、专横、出尔反尔的君主。在夏言、曾铣收复河套之时，恰好宫中失火，皇后去世。世宗崇奉道教，认为这是不祥之兆。严嵩乘虚而入，立即迎合世宗的旨意，把宫中发生的灾异归咎于"曾铣开边启衅，误国大计所致"。昏庸的世宗，信以为真。于是对收复河

套态度来了一个一百八十度大转弯。嘉靖二十七年（1548年）正月，下令逮捕曾铣，罢去夏言首辅的职务。政府中凡支持议复河套的官员，或是贬谪，或是夺俸，或是廷杖。同月，俺答蹈冰逾河入套，将谋犯延、宁，声势嚣张。严嵩又抓住这一机会，给世宗以新的刺激，他对世宗说："俺答合众入套，皆曾铣开边启衅所致。"兵部侍郎万郎万镇又来了个火上浇油，说曾铣犯了"罔上贪功"之罪，甘肃总兵仇鸾诬陷曾铣掩败不奏、克扣军饷。世宗遂处曾铣以死刑。曾铣被害后夏言便成了严嵩攻击的重点。同年五月，俺答寇偏头关，八月，犯大同，九月，入宣府塞，深入永宁、怀来等地，京师告急。这时严嵩又向世宗进谗言说，俺答入犯，完全是夏言支持曾铣收复河套引来的祸患，还说，夏言通过其岳父苏纲与曾铣的同乡关系，受曾铣贿赂很多。十月，夏言也被杀害，严嵩成为内阁首辅。

作为一名新科进士，张居正虽然没有权利和资格左右政局，但他清楚地看到了明朝政治的腐败和边防的废弛。因此，他于嘉靖二十八年（1549 年）上《论时政疏》，这是张居正在他嘉靖朝政治生

涯中唯一一次上疏。在这份奏疏中，他痛切地指出了朝廷所存在的各种弊病，比较系统地阐述了他的改革主张："臣伏睹祖训，观国朝之所以待宗室者，亲礼甚隆，而防范甚密。乃今一二宗藩，不思师法祖训，制节谨度，以承天休，而舍侯王之尊，竞求真人之号，招集方术逋逃之人，惑民耳目。"张居正的《论时政疏》虽未引起世宗和严嵩的任何重视，但疏中所陈述的内容成了张居正以后改革变法的理论基础和行动方向。

嘉靖二十九年（1550年），俺答汗率兵攻破大同、宣化，长驱直入北京城下。宣大总兵仇鸾是个草包，他的总兵官职是用重贿向严嵩买来的。面对俺答的进攻，他仓皇无策，只好故技重演，用重贿来收买俺答，乞求俺答不要进攻自己的防区。俺答接受重礼后，引兵东去，攻古北口，陷蓟州，直逼通州，京师告急。世宗遂下诏勤王。宣大总兵仇鸾在以重金贿求俺答不攻大同后，他知道俺答会深入内地，危及京师。为了乘机邀功并博得世宗欢心，主动上疏请求入援。世宗欣赏仇鸾"忠勇"，命他为平虏大将军，节制诸路勤王兵马。各路勤王军都

是轻骑星夜而至，未带粮食。世宗下令犒赏。但户部拿不出钱粮，世宗愤怒之下，罢了户部尚书李士翱的官，下令他戴罪立功。

俺答兵直逼北京城下，大掠村落居民，焚烧房舍，大火冲天。各路援兵怯懦不敢出战，只是坐观俺答烧杀抢掠。仇鸾的大同兵甚至趁火打劫，比俺答还凶狠。兵部尚书丁汝夔惶急无策，问计于严嵩。严嵩说："在边塞打了败仗还可瞒住皇上，在京郊就难以隐瞒了。俺答掠饱了就会自己离去。"丁汝夔听信严嵩的话，传令诸将，不许轻易出战。兵部郎中王尚学屡次劝丁汝夔出战，丁汝夔不敢违背严嵩的旨意，一味等待。俺答掳掠一番之后，引兵西去。平虏大将军仇鸾杀了数十个百姓，冒功请赏。世宗加封仇鸾为太保，并赐金币。嘉靖二十九年（1550年）按中国干支纪年，是庚戌年，历史上称这次事件为"庚戌

之变"。后来，东窗事发，世宗感到庚戌
之变是一次奇耻大辱，为了泄愤，下令
逮捕丁汝夔。丁汝夔求救于严嵩，严嵩
肯定地说："我在，你绝不会死。"但不
久丁汝夔却被杀害了。

（二）休假三年

庚戌之变时，张居正正在北京，他
目睹政治的黑暗和严嵩的误国卖友等行
为，深感权奸当国，自己的政治抱负难
以实现，于是在嘉靖三十三年（1554年），

借口请假养病，离开京师回到故乡江陵。

当时宗藩乱政，自然给宗藩以限制；大地主兼并土地，贫民失业，自然给大地主以制裁；机巧变诈的人多，一切都在张居正的眼里，但是他只是一个在野的人，尽管有加以制裁的决心，但没有加以制裁的权势。

休假期间，张居正还深入实际，调查研究，对社会生活的各个方面都有了更多的了解，对时弊的认识更加深刻，

改革的决心也更加坚定。嘉靖三十六年（1557年），张居正告别父老乡亲，再次毅然投入到政治旋涡。临行前，他写了一首《割股行》以表明他重入政坛实现自己宏愿的坚定信心。"割股割股，儿心何急！……吁嗟残形，似非中道，苦心烈行亦足怜。我愿移此心，事君如事亲，临危忧困不爱死，忠孝万古多芳声。"

（三）内阁之争

张居正回到北京就任后，仍任正七品的翰林院编修。当时表面上形势仍然没有发生任何变化，实际上，内阁中严嵩与徐阶的矛盾日趋激烈与公开化。嘉靖三十八年（1559年），徐阶升为吏部尚书，次年又由少傅晋升为太子太师，张居正亦由翰林院编修升为右春坊右中允兼国子监司业，当时的国子监祭酒为高拱。徐阶、高拱、张居正逐渐成为嘉靖

末年三个主要人物。为了共同的利益，徐阶、高拱和张居正逐渐形成一股势力共同对付严氏父子。嘉靖四十一年（1562年），横行一世的严氏势力终于垮台，徐阶出任内阁首辅。张居正欣喜若狂、笑逐颜开，因为他明白，自己出头露面的时刻马上就要到来了。徐阶是张居正任庶吉士时翰林院掌院学士，在翰林院的名分上，徐阶是张居正的老师。加之徐阶对于张居正非常了解，把张居正视为国家的栋梁之才。嘉靖四十五年（1566年）世宗逝世后，徐阶和张居正又以世宗遗诏的名义，革除弊政，平反冤狱，颇得人心。一切好感都集中到徐阶身上。隆庆二年（1568 年）七月，徐阶被迫归田，李纯芳代为首辅。高拱因为与徐阶闹矛盾，已于隆庆元年离开内阁，徐阶倒台后，隆庆三年（1569 年）十二月，高拱再次入阁兼掌吏部事，控制了内阁大权。高拱很重视发现人才和起用人才。他选派官员特别注意年龄和健康，凡五十以上者，均不得为州县之长，不称职者去之。他考核官员，唯以政绩为准，不问出身和资历。高拱当政期间，起用了一批人才，"仕路稍清"。

徐阶和高拱都号称精明强干的首辅，为振兴明王朝作了力所能及的努力。但他们都不干预经济关系，也不冒犯现存的社会关系，只是在维持现状的基础上进行点滴的修缮，因而只能以失败告终。张居正则是有识之士之中的佼佼者。他洞察时弊，深谋远虑。早在隆庆二年（1568 年）八月，在《陈六事疏》中，就系统地提出了他改革政治的主张：省议论、振纲纪、重诏令、核名实、固邦本、饬武备。前四条显然主要目的是为了加强中央集权、整顿吏治，而后两条的重点是富国强兵、稳定封建统治。整顿吏治、

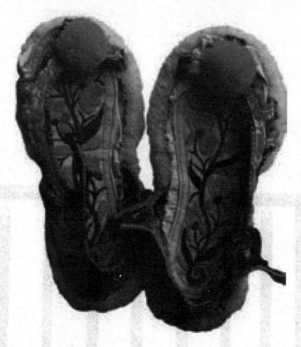

富国强兵是张居正主张改革的核心内容，
同时也是其进行改革的纲领和宗旨。《陈
六事疏》虽然得到了穆宗的赞扬和支持，
但由于当时张居正的老师内阁首辅徐阶
已免官回乡，内阁权力先后由李春芳和
高拱掌握，所以张居正的改革只限于很
小的范围之内，未能全面付诸实施。隆
庆六年（1572 年），张居正出任内阁首辅，
当时穆宗逝世神宗即位，张居正遂"慨
然以天下为己任"，开始全面地变法改革。

三、除弊图强的大改革

张居正改革，从万历元年开始到他去世为止，前后历经十年，改革的效果相当显著。

（一）加强中央集权

对于怎样挽救王朝统治危机，朝廷中有过各种议论和实践。嘉靖末年的首辅徐阶曾经提出"以威福还主上，以政务还诸司，以用舍刑赏还公论"的主张，

并在实践中裁减冗员、平反冤狱、广开言路等，一时颇得人心。然而这些努力对匡救弊政来说，毕竟只是小打小闹，所以时局的败坏一如既往。

高拱继任首辅后，则打出维护先帝的旗号，认为兴国之道在于"遍识人才"，应以治绩为赏罚官吏的根据，不必论其出身资格，于是起用了一批得力干将，使仕路好转。然而他也未能驾驭全局，很快败下阵来。

张居正深谋远虑，刚毅明断，早在嘉靖、隆庆年间就曾先后上疏《论时政疏》和《陈六事疏》，全面陈述时局的弊症，提出六条改进方案。

事业百废待兴，问题千头万绪，究竟先从哪里下手呢？当时明帝国的状况是，君令无威，法纪废弛。在这个改革的重要关头，如果没有强有力的集权措施，加强各级机构对朝廷的向心力，改革就只能是一纸空文。对于这种情况，张居正认为"方今急务，唯在正人心，明学术，使上知尊君亲上之义"，把各部、各省的大权归中央朝廷。强调"一方之本在抚按，天下之本在政府"。要达到这个目的，就必须首先调整官僚体制，并在此基础上整顿吏治。于是，改革就从这里发端。

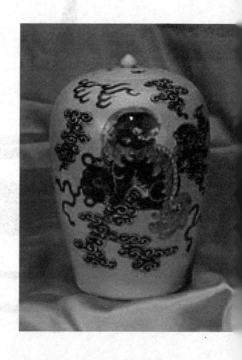

万历元年十一月，张居正呈奏《请稽查章奏随事考成以修实政疏》，即"考成法"，拉开了他全面整饬明帝国的序幕。

考成法中规定：内阁领导六科，六科监督部院，部院统属各省抚按，抚按控制基层的县令。这样，从地方到中央的各级机构，层层由内阁控制，加强中央集权，以做到"事权归一，法令易行"。

在这个规定中，六科监督部院，均为明代旧制，只有内阁领导六科成为最高权力机构，是对明代中央体制的重大改革，不仅极大地改变了明代的吏制，也改变了明代的祖宗"旧制"。张居正这样做可谓用心良苦，明眼人一看便知这是要实行内阁集权，这可是冒天下之大不韪。然而，他只能如此，这是他尊重现实的选择。

明代内阁是朱元璋废相后，经长期

酝酿后形成的机构。洪武十三年（1380年），朱元璋以谋反罪诛杀了左丞相胡惟庸等，此后，罢中书省，废掉丞相，仿照古代六卿之制，政归六部，并严申：以后子孙做皇帝时，不许立丞相。如臣下有胆敢奏言丞相者，群臣要立即劾奏，将凡人凌迟，全家处死。这一祖训，对明代政治影响极大。朱元璋废黜了一千六百多年的宰相制度，让六部直接归他负责，可谓权力高度集中了。可是这样一来，无人协助总理朝政，皇帝自然十分劳苦。朱元璋还可以清心寡欲，勤于政事，每天披星戴月，精心处理二百件公文奏疏和四百件军政要事。而他的子孙们却叫苦不迭，难以招架。于是成祖即位后，便让翰林院的编修、检讨等品级较低的官员在文渊阁值班，文渊阁正式成为殿阁大学士入仕的场所，明代内阁制度才真正建立起来了。

这时的内阁并不是正式的中枢机构，

内阁的大学士只不过是皇帝的秘书、顾问而已，地位也不高，官阶仅为正五品。而六部的尚书都是正二品，所以上朝排班时，大学士的班次都在尚书以下。六部的地位提高之后，六科遂成为监督六部活动的独立监察机关。凡是六部奏请皇帝之事，都必须先经过六科给事中审查，不当则驳回。他们的衙署设在午门外东、西朝房，所有的奏章必须经其手，虽然官阶在七品但权势不小。以六科来

稽查六部，即以小官来监督大官，这是
明代吏治的特点。

嘉靖、隆庆年间，内阁的地位有所
上升，权势也有所提高，但碍于"祖训"，
内阁首辅始终不能成为名正言顺的宰相，
内阁在参与机务方面当然也一直处于临
时性、非法性的状态，没有明确地位。
在这种历史背景下，张居正身为内阁首辅，
他要实现自己的梦想，将所有改革措施
一一落实，就必须拥有驾驭六科、六部

的行政权力。以往的改革主要是通过争取皇帝的支持而获取权力支撑，而张居正所辅佐的恰好是个 10 岁的幼主，他还是一个孩子，完全不具备辨别是非的能力，其主观随意性更大。因此，为了更好抓住权力，就只能将他所置身的内阁变为合法的辅佐机构。

考成法中关于由内阁控制六科，由六科控制六部及都察院，再由部、院控制地方巡抚的规定，正是处于这样的考虑。通过考成法，不仅内阁参与政务的地位合法了，而且权力也集中于内阁了。这样，内阁就成为整个国家的政治中枢，内阁首辅张居正也就成了整个国家机器运转的总指挥，改革也获得了强有力的组织保证。

有了权力，便可以推行改革了，但是如果没有充满活力的官僚机构，再完备的设想也只不过是空中楼阁。在张居正看来"致理之道莫急于民生，安民之要，唯在于核吏治"。也就是说，治国之道的核心问题是安抚民众，安抚民众的关键问题是整顿吏治。官风不正，任何政令都会流于形式、为了整顿吏治提高监察效率，张居正从监察入手。

考成法规定：中央六部和都察院各衙门，把拟办的公事一律登记造册，分别制定一式三份收发文簿：一本留底；一本送六部的监察机构六科备注；一本送内阁查考。无论大小事务，都要根据事情的缓急，路途的远近，严格定出处件。六科的账薄，上下半年各清理一次，查核簿内的事情，看是否有超过期限没处理的，如果发现有拖延，则进行责任检查。这项规定实际上是明确了各巡抚、巡按等奏行事理，有延搁者，由部院检举；各部院注销文册时，有欺骗庇护行为者，由科臣检举；六科缴本注册时，有积溺事情或不法行为者，由阁臣检举的制度。这样一来，就从制度上防范了玩忽职守的现象。

对于官吏政绩的考察，除了各部、院平时掌握情况，做到按月考核，每岁总结外，还有京察。京察是对全国官吏全面的考核，规定每六年一次。有时还可以根据需要进行特别考察。考察的对象是五品以下的各级官吏，四品以上的官员令其自我检查。考察时，吏部、都察院先通知各衙门将被考察的官员的事迹送到吏部，都察院会同考察，根据官吏的现实表现，决定其职位升还是降。明王朝在明初是比较重视监察制度的，到明中叶后，由于纲纪的松弛，监察制度失去了作用。张居正决定恢复监察制度，发挥监察官的职能。在中央的监察

机构是都察院，监察御史监察各衙门。在地方依当时省区，设十三道监察御史，监察地方政务。监察御史对于不称职的官吏，可以随时提出弹劾，对于有政绩的官吏，可以为其奏功。监察制度的恢复，使考成法进一步得到了保障。

当然，在推行考成法的过程中也遇到了种种阻力，但张居正一往无前，毫不动摇。他对于那些不尽职守，不按期完成任务的官员都严加惩处。万历三年，查核到地方巡抚、抚按中，有五十人未完成之事共有二百七十三件。其中，凤阳巡抚王宗沐、巡按张更化，广东巡抚张守约，浙江巡按肖凛等人，都是因为未完成任务最多而受到停俸三个月的处罚。停俸，对于官员来说无疑是一个沉重的打击。在名实不核的气氛中，这一惩处引起了极大的震动。万历四年七月，刑科给事中严用和稽查奏章，发现地方巡抚、巡按中有六十三人共未完成

一百三十四事。为此，郭思极等人因未完成十一事以上，而被夺俸。万历五年十一月，户部员外郎贾实等四十八人因渎职而被勒令致仕。万历六年三月，直隶州、县、卫、所等官共二十八人，未完成钱粮征收在七成以上者，受到降二级的处分，未完成二成以上者，给以停俸的处罚，并责令他们立刻追征完毕。由于信赏必罚，处理严肃，考成法的权威地位日益提高，张居正的号召力也随之而日益增强。

考成法的广泛推行，给腐败的官场

中吹进了一股改革的清风。嘉靖以来那种因循怠慢、姑息偷安的吏风也有所改变。官员们对于朝廷的各项政令再也不敢置若罔闻、任意拖延了。令行禁止、唯恐违限、以事责人的风气开始形成，办事效率大大提高，使趋于瘫痪的国家机构复苏过来了。万历六年户科给事中石应岳说："考成之法一立，数十年废弛丛积之政，渐次修。"著名史学家谈迁说："江陵立考成法，一位制治之本。"这些都集中反映了当时吏治风气的好转。

在整顿吏治的过程中，张居正不断更新官僚队伍，裁汰内外冗官，仅万历九年就一次裁汰一百六十九人，与此相应，广泛地到社会的各个阶层中去选拔人才，充实官僚机构。他驳斥"世无人才治"的悲观论调，认为"天生一世之才，自足一世"。不是没有人才，是没有正确的用人之道。要发现人才，必须打破论资排辈的传统偏见，大力提倡"立贤无方，唯才是用"。对于宦官势力的干扰，也进行了坚决抵制。太监冯保既是张居正的主要支持者，同时又博得了慈圣太后的器重，权倾朝廷内外。就连神宗皇帝都不叫他的名字，而称他为"大伴"。张居正通过结好慈圣太后，巧妙地来抑制冯保的势力，限制他参与军政大务。张居正借宦官引诱神宗游乐事件，严惩了孙海、客用；罢斥司里太监孙德秀、温泰、周海等人。其他宦官，凡属安分守己的，照旧办事；凡是为非作恶的，一概罢除。

经过整顿，宦官势力受到抑制，就连冯保本人也有所收敛了。张居正针对法纪废弛，君令无威的状况，把执法与尊君联系起来，以伸张法纪为中心进行整顿。他把不法权贵看成是破坏法纪、祸国殃民的大患，坚决予以打击。在我国漫长的古代社会中，最严重的罪行莫过于不忠和欺君，任何严厉的惩罚都可以加之于这种罪人，而且顺理成章，会受到社会上大多数人的赞成。张居正正是充分利用这点，他把一切不法权贵看成是破坏法纪、祸国殃民的大患，毫不手软予以镇压。辽王在江陵一带横行霸道无恶不作，民愤极大，但地方官对他无可奈何。张居正秉公执法，据理力争，把辽王废为庶人。黔国公沐朝弼为非作歹屡触法纪，但朝中无人敢问，张居正不畏权势挺身而出，下令把沐朝弼押解至京城，立他的儿子袭爵。后来沐朝弼囚死于京城，一时人心大快。冯保的侄子冯邦宁依仗其叔父的权势，醉打衙卒、触犯刑律。张居正派人向冯保说明他侄子

恶行的同时，此案令将马邦宁杖打四十，革职待罪。在发现人才或者使用官吏方面，张居正不仅在理论上有创新，在实践中也能突破规定的格局，革新成规，亲自作出表率。他起用行伍出身的李成梁处置边务，科举出身的张学颜主持清丈，被罢官的潘季驯治理黄河。尤其是破格提拔了一批官吏。在明代的官场中，对待人才一向是用人唯贤。这种做法最大的优点是有利于官僚集团内部的稳定。因为出身资格的差别是一种最明显的差别，按出身资格用人是一种最省事的办法。对于官吏而言，大家都按资格和年资循序渐进，总有希望从小官熬到大官。张居正的官吏改革，可见一斑。

（二）经济改革

良好的政治环境，为经济领域内的全方位改革，创造了十分有利的条件。

经济改革是其改革的重点，在改革中他以开源节流作为指导思想，以达到增强国力，百姓安乐的目的，扭转"国匮民穷"的局面。

1. 节省开支。早在青年时代，张居正对于财物管理就有清醒的认识，他说："天地生财，自有定数。取之有利，用之有节则裕；取之无制，用之不节则乏。"二十年后，当他要强国安民整顿财政之时，提倡节约费用，反对奢靡之风。张居正主张将两京（北京、南京）大小九

卿及各属中的多余人员全部裁去，节省政府开支。明代财政开支的主要项目有俸禄、军饷、宫廷、国防、水利及赈济灾民。其中以官俸、兵饷所占的比例最大，按成化时户部尚书李敏的估计，当时官俸开支约占全年财政开支的百分之二十至百分之三十。明代武官实行世袭制。武官子孙经过考试，即可授予官职。当编制已满的时候，就不得不设立有职无权的带俸武职，从而造成武官人数的激增。这样，到距洪武仅百余年的正德

年间，文物官员总数已经从明初的三万余人增加到十二万人以上。官多俸禄多，财政负担大大加重。隆庆年间，政治形势稍微有所好转，徐阶、高拱曾着手缩小编制。在此期间，裁减了四十九个职位，增加了二十一个职位。在隆庆的基础上，张居正对南京官职采取了虚其位而减其员的办法。万历初年，明朝和俺答的关系得到改善，军事活动相对减少。据此，张居正在清丈土地，进行赋役改革的同时，对国家机构进行了大规模的精简。万历八年六月，裁减了山西、汉南等处的兵备副使，督粮左参议等十七个四品、五品的职位。根据明末清初谈迁的《国榷》的不完全统计，张居正执政期间共裁减了二百三十八个职位，增加了三十三个职位，净裁二百零五个职位，大大缩小了编制。万历初年，张居正裁减的冗员人数达到官员总数的百分之二十至百分之三十。冗官的清除，不仅提高了办事效率，

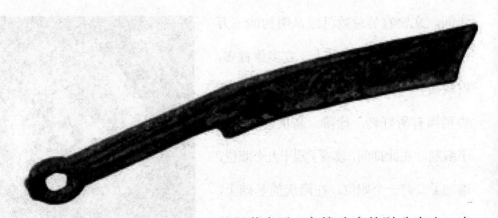

而且节省了一大笔政府的财政支出。在另一方面，张居正敢于将节用的矛头指向皇家的奢侈之风。自秦始皇建立了"大一统"的封建专制帝国后，财政制度就有了国家经费和宫廷经费的区别，但皇帝仍有权任意挪用国家经费，以供宫廷之需，也可以派宫廷机构侵夺行政机构的财政。于是，在财政上产生了国家行政系统和宫廷机构的矛盾，明朝也是如此。明朝宫廷财政收入主要有三个来源：其一来自于户部掌握的国库，叫做太仓；其二来自于宫廷的田庄、店铺，叫做皇庄、皇店；其三直接取自州县，叫做上供、采造。明朝开国皇帝朱元璋出身寒微，又目睹了元末皇室奢侈之风，所以一直强调节俭。但是，随着社会的稳定，奢靡之风日渐盛行。宫廷开支大大超出正常的财政拨款，就只能强迫调拨国库里的存银。君主的权力是无限的，国力民力却是有限的，为保住国力民力，国君必须克制住自己的欲望，带头节省开支。张居正认识到了这一点，曾多次上疏劝说皇帝"凡不急工程，无益征办，一切停免，敦尚俭素，以为天下先"，尽量减少宫中不必要的花费。为了达到目

的，张居正费尽心机，他借用宋仁宗不喜欢珠宝的故事劝导小皇帝说："圣明的君主看重的是五谷而非珠玉，五谷养人，珠玉则饥不可食，寒不可衣。"万历五年五月，内宫传旨要重修慈庆、慈宁两宫。张居正听到这个消息后，立即上疏请求停止此项工程。

为了节省开支，张居正事事精打细算。明代皇帝对大臣赐宴，以示龙恩。但是一宴的费用，高达白银数百两。张居正上疏强求免去循例赐宴，并从自己做起，要求万历皇帝在以后的日子里，不要再设宴款待自己。在他执政期间，

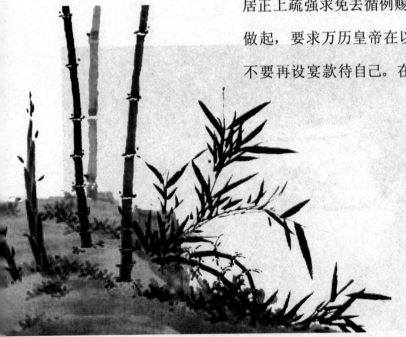

宫廷费降低了，减轻了国家财政和民众的负担。

2. 清丈土地。明代的赋役中，田赋占有相当大的比重。耕地是征收土地税的主要依据。为了确切掌握耕地的数字，确保财政收入，洪武年间，明王朝曾用了十年的时间，清查丈量全国土地，然后编制成鱼鳞图册。鱼鳞图册就是明朝的田亩册，其中详细记载了每块耕地的方圆界至、形状、土质、等级和业主姓名。鱼鳞图册的编成，使官府可以根据各户的耕地情况定出税粮和差役负担，赋役摊派较为合理。但

是，到了明中叶以后，鱼鳞图册上的田亩数字与国家实际能够控制的田亩数已经是大相径庭。这一时期土地高度集中的程度，在中国古代社会中可以说是绝无仅有的。明朝初年，全国土地的数额有八百五十余万顷，到天顺七年（1463年）就只剩下四百二十九万余顷。又过了四十年至弘治十五年（1502年），实额才四百二十二万余顷，比明初减少了一半。

关于户口情况，明初，为了加强赋税官吏，朱元璋制定了黄册制度，把每户的籍贯、姓名、年龄、丁口、旧宅、资产等，都详细登记造册，政府每年勘定一次，十年重造一次。黄册所登记的户口情况，是国家征收田赋和征派劳役的依据。据统计，明初全国户口额有一千零五十余万户，永乐年间增加了九百万户，而到了弘治四年（1491年）只剩下九百余万户了，还不足永乐时的一半。以上情况表明：土地集中的情况至嘉靖万历时，仍然是有增无减。土地越集中，隐田的现象就越严重，致使登记在册上的土地有相当的一大部分与实际占有情况不相符合。结果便形成了这样一种局面：中户以上的家庭田亩多而无税，中户以下的家庭无田反而有税。赋税严重不均，老百姓叫苦不迭。面对日益危机的财政问题，张居正一开始采取的是催征捕赋的办法，虽然取得了一定的成效，但是只是暂时的对策，要想彻底解决问题，就得解决田产的隐匿问题。于是，张居

正在万历五年十一月，正式下令，在全国清丈土地，清查户口，限在三年内完成。清丈土地是一项十分艰难的工作，为了摸索经验，张居正先派出自己的湖广同乡，南京的左都御史耿定向出任福建巡抚，试行清丈。在张居正的支持下，耿定向很快就完成了清丈任务，共查处隐匿土地二十三万余顷，取得了初步的成功。在试点成功的基础上，张居正同阁臣张四维、申时行及户部尚书张学颜等人，又制定了详细的实施方案，共八条：

明清丈之例；议应委之官；复坐派之额；
复本征之粮；严欺隐之律；制定清丈之
则；颁行丈量计算方法；规定经费供应
之法。八条规定得到了神宗的批准，于
万历八年十一月颁行天下，有力地推动了
全国的清丈。万历九年，清丈三年完成
的时限已到，根据考成法，科臣应当对
没有完成清丈的官员给予惩罚，这时张
居正考虑到清丈工作内容琐碎，加之阻
力巨大，实在不容易按时完成，如果草
草了事，追赶时间，一定会造成草率用
事，以前的清丈工作也会有所流失。基
于此，张居正一面要求科臣对于到限尚

未完成者，从缓提出弹劾，一面叮嘱负责清丈的地方官，清丈务求祥审，而不必拘泥于时限。在张居正的周密部署和精心策划下，在他坚持不懈地督责下，到万历九年，清丈工作得以顺利完成。从万历六年至万历九年的清查，得户数为一千六百一十二万一千四百三十六户，人口数为六千零六十九万二千八百五十六人，田亩数为七百零一万三千九百七十六顷。经过这次全国范围内的清丈田亩，增加了国家的财政收入，打击了地主豪强，也引起了一部分人的不满，但是，老百姓的生活负担大大减轻了。

3. 推行一条鞭法。清丈田亩的成功为全面改革赋役制度创造了条件，原先赋和役是分开的，赋是对田亩的征派，役是对人户的征派。万历九年（1581年），张居正下令在全国推行一条鞭法，废除了唐后期以来沿用已久的两税法。其实，早在嘉靖年间有些地方官员在部分地区就开始试行了一条鞭法了。但是由于官僚、豪强的反对，"屡行屡止"。直到张居正大力推行，才成为通行全国的制度。其主要内容包括如下几个方面：

第一，赋役合并，以丁田分担役银。在一条鞭法中，把原来的赋（夏秋两税）役（里甲、均徭、杂泛）以及土贡方物合成一项。并以州县为单位确立赋役数额。徭役一律征银，取消力役，由政府雇人来充役。役银也不像过去那样依据户、丁征收，而是按人丁和田地多寡来

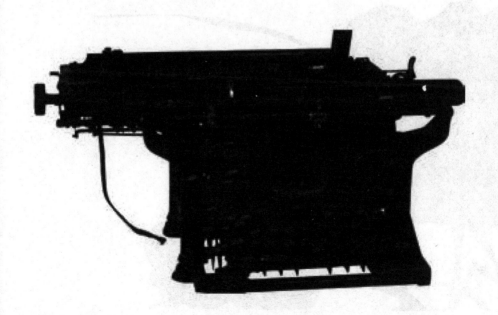

分担，把部分丁役负担摊入田亩。这样的统一编排，化繁为简，既有利于国家统一掌握，也使民户容易理解，小吏也难以从中作弊。

第二，田赋征银。原来明朝的田赋也有征收"折色银"的，但在此之前，田赋的征收仍以"本色"为主。一条鞭法规定，除苏、松、杭、嘉、湖地区继续征收本色，以供皇室官僚使用外，其余一概征收折色银。

第三，赋役的征收解运由地方官吏直接办理，废除原来粮长、里长代征收代解赋役的旧制。明初实行粮长制，以纳万石田赋为一粮区，推选纳粮最多的人为粮长，负责田赋的催征、经收和解运，称为民收民解。但是后来弊端丛生，于是改为官收官解。

一条鞭法的推行是与张居正创行考成法、整顿吏治、抑制豪强、清丈田亩密切配合的，没有这些条件，一条鞭法就难以推行。可以说一条鞭法的推行是张居正改革最主要的措施。张居正推行一条鞭法的直接目的是为了整顿赋役、克服财政危机、稳定明朝的统治，但它所产生的积极作用和重大影响，却远远超越了张居正的主观愿望。首先是简化了赋役征收的形势。传统的赋役制度是将赋和役分开征调的。赋以田为对象，分成夏税和秋粮，向田主征收；役的对象是人丁，官府需要力役时，按户出丁，轮流应役。一条鞭法将力役并入田

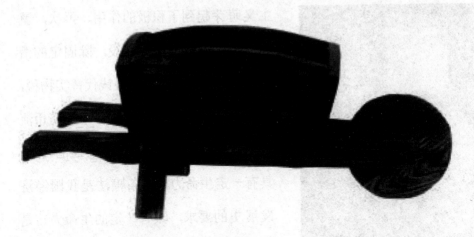

赋，改变了过去赋与役分开征收的办法，没有土地的农民，或土地少的农民减去或减轻了力役的负担。其次，以银代役，一方面，农民可以不再服役，保证了从事农业生产的时间，有利于农业生产的发展；另一方面，国家对农民的人身控制放松了，农民获得了较多的人身自由，可以离开土地，改革谋生方式，这又为城市手工业的发展提供了更多的劳动力资源。而商人购置土地，则要承担相应的赋役，如果没有土地，可以不纳丁粮，这也刺激了他们不置田产而投资工商业的兴趣，对于发展商品经济、促进资本

主义萌芽起到了积极的作用。再次，就是农民对国家承担的赋役，除固定的漕粮外，一律以银折纳，银钱代替实物税，又促进了农作物的商品化，扩大了货币流通的领域，客观上符合经济发展的要求，具有一定生命力。一条鞭法是我国经济发展史的要求，具有一定的生命力。是我国经济发展史上的一项重大革新，实际上它已经成为我国封建社会后期主要的赋税制度。

在这一革新过程中，张居正的个人功绩主要表现在两个方面：

首先，顺应赋税改革的潮流，及时推广到全国。一条鞭法并不始于万历，早在宣德五年（1430 年），浙江巡抚周忱和苏州知府况钟，就曾倡言要依据农民的田亩来调剂赋役，但被户部以乱变法不了了之。嘉靖十八年（1539 年）应天巡抚欧阳锋和苏州知府王仪在苏州府内创行"征一法"，计亩征银，又因豪绅多歧义，没有获得成功。此后，类似的方法不断推出。在隆庆三年（1569年），应天巡抚海瑞也在南直推广一条鞭法。次年，江西又实行了一条鞭法。一条鞭法的推行，对农民来说百利无一害，但是，有利于民必然要有损于贪官污吏和不法豪绅，自然遭到他们的强烈反对。海瑞就是因为夺田还民被斥为"疯子"，最后以"鱼肉缙绅"的罪名而被革职。隆庆年间，户部尚书葛守礼抓住了南方推行此法过程中的某些偏差，认为一条鞭法

不适于北方，上疏废除一条鞭法。所以，一条鞭法没能在更多的地方推行。张居正对于能否在全国推广一条鞭法，采取了极为慎重的态度。他注意到了历史的经验教训，表示适用的地方就推行，不适用的地方也不必强行。万历四年，他先派人在湖广地区试行，一年后只有少数人言其不便。这时张居正的态度有了明显的转变，他开始确信一条鞭法是改革赋役的好方案。于是又开始在北方推

广，试点设在山东东阿县，不久就传出了好消息，当地百姓都愿意接受。当清丈田地告成后，张居正不失时机地将一条鞭法推行到全国。这项改革从明中叶开始酝酿，至万历五年通行，几经周折，时行时停，最后定为国策，不能不归功于张居正顺应历史潮流、因势利导的努力。

其次，用于突破重农抑商的传统，作出有利于农资商的决策。一条鞭法作为国家的税收政策，就向前面所说的那

样有利于促进商品经济的发展，是对重农抑商传统的一大突破。张居正以其对时弊的深切认识和改革弊政的坚定决心，提出"以原农而资商""以原商而利农"的进步思想，认为商农应该平衡发展，这在当时的历史条件下，是难能可贵的。

4. 兴修水利。在古代社会中，"富国之本，在于农桑"，中国始终以农业为本，而农业的发展又离不开水利事业的发展。张居正作为一位深谋远虑的政治家，也考虑到了这点，在他的改革中，治黄整淮，兴修水利，也是主要的课题。

从元朝至元二十年（1283 年）黄河改道，经淮河入海后，夺淮入海的黄河屡次决口。万历三年，黄河在砀山决口向北泛滥，淮河在高家堰决口向东泛滥，高邮湖也在清水潭决口，淮城全部被淹没。水势汹汹，人心惶惶，张居正找到了能够担当治河大任的吴桂芳为漕运总督，治理黄河。万历四年二月，吴桂芳

提出了自己的治河方案。他认为：黄河
入海口只有云梯关一处，致使河流入海
不畅，导致泛滥的情况。他建议开黄河
入海口，使黄河顺利入海，这样淮水可
顺利出海，高邮等地的水患就可以缓解。
他还提议增开草湾及老黄河故道，修筑
高邮东西二堤来蓄湖水。张居正认为吴
桂芳言之有理，方案可行，于是以极大

的热情予以支持。治黄工程开工后，流言蜚语不可避免，张居正鼓励吴桂芳："为了治理黄河，即使占用土地也不要觉得可惜，无论遇到什么状况，都要坚持下去。"在张居正的支持下，吴桂芳的草湾工程，在万历四年八月竣工了。

万历五年，黄河再一次决口，河岸的大多数地方被毁坏，淮河被黄河水逼迫，再次向南改道。张居正本想再次起用吴桂芳，但不幸的是，吴桂芳身患重病。张居正于是任用了在家闲住的治河专家潘季驯继续治河。潘季驯上任后，亲自实地考察地形水势，然后上了《两河经略疏》，提出了对水患及黄河、淮河治理的一套看法和理论。他认为：黄河新道宽二十余丈，深一丈有余，只及故道三十分之一，不可能容纳洪水季节的流量。如果像有人主张的那样再开新河，更加削弱水的冲力，加速泥沙淤积，更易导致新的决口。因此，潘季驯建议：堵塞决口，

加固堤坝，导河归海，迫使黄河回归故道。
为解决故道淤塞的问题，他主张采取"以
水治水、束水攻沙"的先进方法。为此，
需要修复高家堰等处的堤坝，迫使淮水
仍然在清口与黄河合流，利用两河的水
力冲刷淤泥，以保持河道畅通。淮水仍
然由以前的故道入海，淮扬等湖的水位
自然下降。潘季驯的奏疏刚一到朝廷，
引起议论纷纷，治河历来关系就比较复
杂。潘季驯就曾为此事在隆庆四年被罢

官，所以他心有余悸，担心朝廷在中途变卦，于是向张居正提出辞呈。张居正认为潘季驯是一个有着二十多年治水经验的难得的人才，此事非他莫属，于是他不准潘季驯辞职，并拟旨支持他的治河方案，同时指示：各分任官员如果有玩忽职守者，随时追究制裁。从万历七年二月到万历七年十月，前后仅八个月的时间，潘季驯主持的各项工程就全部竣工了。

在任用潘季驯治河的同时，张居正

还更改了漕船起运、到京的期限。世宗时曾规定了南方漕运的过淮期限，江南为正月，浙江、湖广、江西为三月。按照这一规定，浙江、湖广、江西的漕船恰恰是在春汛期间路过黄淮地区，往往受到较大的损失。而三省漕粮每年平均在一百四十至一百五十万石左右，占总数的三分之一。鉴于三省漕粮的重要性，张居正改为南方各地十月开仓，十一月兑完漕米，十二月起运，二月过淮，三月过洪入闸，避开了春汛，减少了损失。

治理黄淮历代都有，张居正摒弃了历来只顾漕运无视民生的治水方案，采

取民生与漕运的治水方针，结果保障了农业生产的发展，稳定了政府的财源。

5. 整顿驿递。我国的驿递制度由来已久，甲骨文对此也有记载。随着国家制度的日益完善和社会经济的逐步发展，驿站也普遍设立，驿道四通八达。明代，从京师到各省的交通干线上都设有驿站，共一千九百三十六处。驿站专门负责接待因公出差的官员，其内部的车、马、驴、船等交通工具均征自民间，马夫、船夫也来自民间，过往官员不付任何报酬。

这表明，使用驿站人数越多，次数越频繁，百姓的负担也就越重。正德以后，随着明代政治的腐败，驿递制度的执行也日渐松弛。到嘉靖年间，驿递制度更是弊端丛生。官员使用驿站的范围大大扩大了。更为严重的一个问题是过往使客对驿站的骚扰。使用驿站的过往使客，大多都是皇亲国戚和朝廷命官，对沿途的驿站过额支应，滥派差役、索要下程供应的现象，比比皆是。驿递的弊病使驿递制度渐渐成为一项扰民的苛役，严重影响了国家的正常经济秩序，张居正于是在万历三年（1575 年）对驿递制度进

行了整顿。

首先，张居正重申官员非军国大事，不许领取勘合的用驿原则，具体规定"凡官员人等非奉公差，不许借行勘合。非系军务，不许擅用金鼓旗号"，"抚按司府各衙门所属官员，不许托故远行参谒，经扰驿递，违者抚按参究"。

其次，加强了勘合的管理和驿传稽查，以防止假冒、转借勘合。在张居正的主持下，创制了内外勘合、大小勘合、勘合长单等办法。内外勘合，就是将京城与外省的勘合有所区别，然后加以对换的办法。大小勘合，则是用来区分出使的官员和杂职末流小吏的办法。凡是持大勘合的官员，驿站应供给粮夫马车船，而小勘合持有者驿站只提供人夫和粮食。对于使用大勘合的官员，为了防止他们过额索取，在大勘合以外又设有长单。长单专门用来填写沿途驿站供应的数字，这些数字由驿丞、出使官员共同填写，并且要有所过州县衙门的印章。

第三，严格限制过往官员额外索取

驿站支应，并警告地方官员不许阿谀奉承以取悦上司。新的驿传条例规定：虽是公差人员，如果使用的轿、夫、马等超过规定数字，不管是什么衙门，都不应支付。有违犯者的官员要依法治罪。地方官进京朝见，也不许带额外随从等。

经过张居正的一番作为，官员擅自驰驿，使客过额索求，收到了极大的限制。这样，就使驿站的开支得以节省，在畿辅地区，驿站开支减去百分之六七十。在此基础上张居正又调整了驿站站银的征收、下发、禁止拖欠、克扣或作别项开支，把某些州县的协济站银进行了合理调拨，从根本上扭转了驿站站银支用不足的局面，也使交通干线沿途的百姓的负担大为减轻。据不完全统计，自万历四年至万历十年，共减免站银八十九万五千六百两，驿递整顿是一项利国利民的善举。

（三）整饬边务

隆庆元年（1567 年）二月，张居正入阁参与机务。当时，徐阶大权在握，高拱与徐阶不和，于是在元年五月离开内阁。九月，俺答进攻大同，掠交城、文水，直逼山西中部，北京处于战争的惶恐之中，十月，俺答掳掠后引兵北退。穆宗下诏让群臣讨论这件事情，兵部尚书郭乾被罢职，由霍冀接任。徐阶的门生工科给事中吴时上疏推荐谭纶、戚继光，练兵蓟州，以加强北部的边防。这一建议很快得到了首辅徐阶的支持，很

快就实现了。霍冀刚刚接任兵部尚书的时候，对情况并不是很熟悉，大学士李春芳、陈以勤都不愿意过问边防事务，而当时张居正、吴时来、谭纶与戚继光都是徐阶重用的人。这样，在内阁之中主持整顿蓟、辽、宣、大边防的重任就落到了张居正身上。隆庆三年（1569年）十二月，高拱二次入阁后，在边防问题上，高拱与张居正有着共同的观点、共同的语言，再加上他们都曾经是裕邸讲官，又是十年前国子监的同事，关系颇为融洽。因此，在隆庆一朝，张居正为北方边务的实际承办者和主持者。

张居正整饬边防，首先是重用智勇双全的江陵，对他们"委以责成""信而任之"。他所重用的谭纶、戚继光、李成梁、王崇古、方逢时等人，充分发挥了他们的能力和智慧，在事务之中大显身手。

当时的情况，北边战守的重心是蓟州。在谭纶、戚继光主持蓟州边防的时候，

张居正给予了大力的支持。谭纶提议建

筑敌台，张居正立即答复："昨议增筑敌

台，实设险守要之长策，本兵即拟复行。"

谭纶于是和戚继光"图上方略，筑敌台

三千，起居庸至山海，控守要害"。戚继

光在整饬边防过程中遇到困难时，张居

正及时给予排除。戚继光的军事才干得

以充分的施展，在镇守蓟州期间再次得

到充分的发挥。他以对倭作战的浙兵为

主干，根据蓟州的地理条件和同蒙古骑

兵作战的特点，从实际出发，加紧军事

训练，修建边墙和增建空心敌台，改善武器装备，得到了中央政府的认可，也震慑了蒙古各部，使蓟州的边防，相安无事。在整饬蓟州边防的过程之中，张居正与谭纶、戚继光私人之间也结下了深厚的友谊。隆庆六年（1572年），张居正任内阁首辅，谭纶为兵部尚书，直到万历五年四月病逝为止；戚继光镇守蓟州十六年，保证了边界安定。

在辽东方面，张居正任用了出身贫寒但有大将之才的李成梁镇守。李成梁是辽宁铁岭人，世袭铁岭卫指挥佥事，积功升至辽东镇的险山参将。隆庆年间因为抗击土蛮频传捷报，在隆庆四年升任辽东总兵，镇守辽东镇。《明史》中介绍他"英颜骁健，有大将才"。万历七年底，土蛮以四万余骑屯聚在锦川营（今辽宁绥中西北），张居正得知这个消息后，即刻告诫李成梁等人切不可轻敌，一定要坚壁清野，挫敌锐气，然后再出击。他又下令兵部调戚继光前去增援，明军按照这一方案击退了四万敌骑，李成梁又趁机出塞二百余里，直抵红土城，斩首四百七十余人，这就是"红土城大捷"。万历八年张居正授予李成梁世袭伯爵。

在李成梁镇守辽东的二十二年，先后取得大捷十余次，其武功之盛，是二百年来未曾有过的。万历十九年（1591年），李成梁离开辽东后，十年间主帅变了八次，边备松弛。万历二十九年（1601年）八月，再次起用李成梁镇守辽东，当时他已经76岁，在他第二次镇守辽东的八年间，辽东少事，蒙古土蛮也不敢再犯。在宣、大方面，张居正任用王崇古、方逢时镇守，他们修边墙，开屯田，加紧练兵，防御力量大大增强。

　　在张居正的主持下，经过多年的努力，终于扭转了长期以来边防松弛败坏的局面。战守力量日益增强，蒙古犯边逐年减少。张居正加强边防的目的是为了寻求改善蒙汉关系的时机。他多次命令长城沿线的将领，要抓住一切有利条件，发展同蒙古族的友好往来。宣大总督王崇古多次派人深入蒙古内部进行联络宣传活动，公开宣布，凡是蒙古投归内地的无论番汉均以礼相待，适当安置。此招果然灵验，越来越多的人口离开蒙古归顺中原。

隆庆四年（1570 年），俺答汗的孙子把汉那吉与俺答汗发生矛盾，于是入关请求投降明朝。于是围绕着是否接纳把汉那吉在朝廷展开了激烈的争论。张居正力排众议，坚决主张接纳把汉那吉，同时认为这是一个改善蒙汉关系的绝好时机，不可轻易放过。最后，穆宗采纳了张居正的意见，接纳了把汉那吉。随后又以隆重的礼节把把汉那吉送到蒙古交给了俺答汗。俺答汗见到孙子后欣喜若狂，上表称谢，表示今后永不犯边。从此，明朝与俺答汗结束了长期以来的敌对关系和对峙状态，在从东到西绵延五千多里的蒙明边境线上"无烽火警，行人不持弓矣"。同时，人民生活得以安定，经济也出现了繁荣景象，正如方逢时描述的"八年以来，九边生齿繁，守备日固，田野日辟，商贾日通，民始知有生之乐"。鉴于蒙汉关系有了实质性的突破，宣大总督王崇古提出了蒙汉两族"封贡互市"

的主张，而蒙古俺答汗方面也疲于多年的战事，曾多次派使臣到北京请求"封贡互市"。王崇古的建议遭到了以兵部尚书郭乾为首的许多朝臣的强烈反对，他们认为讲和示弱、马市启衅，封贡互市后患无穷。他们甚至污蔑王崇古与俺答汗之间有某种秘密协定。在这种错综复杂的形势下，张居正挺身而出，一方面摆事实讲道理为王崇古辩护，一方面耐

心劝说反对派阐明的优越性。他指出与俺答汗封贡互市对明朝有利。张居正的观点也得到了当权派之一高拱的支持，最后，穆宗同意议和，封俺答汗为顺义王，规定每年贡马一次，并在大同、宣府、山西、延绥、宁夏、甘肃等地选定十余处开设互市。

明朝和俺答汗缔结盟约后，张居正坚持严守信义，不违约、不背盟。王崇古有几次想延期开市，张居正坚决不同意，他向王崇古指出，蒙汉互市要以安宁、联合为主，不要因小失大又开边衅，以致破坏了刚刚形成的和平环境。随着时间的推移，互市贸易不断扩大，除政府控制的"贡市""马市"外，还出现了私人交易的"民市"和每月一次的"月市"，边远地区还有临时开设的"小市"。通过这些贸易活动，蒙古的金银、马匹、牲畜、皮裘、木料等特产源源不绝地流入明朝；而中原先进的生产技术、生产工具和优良种子等亦在蒙古地区传播开来。封贡互市有力地促进了蒙汉两族社会经济的

发展。

张居正通过重用英勇善战的将帅，整饬边防，加强战守，改变了正统以来边防日益发展废弛的局面；通过重用足智多谋的边帅，改善蒙汉关系，改变了自明朝开国以来一直与蒙古所处的敌对关系和战争状态，促使两族之间友好往来，促进了我国多民族国家的形成和发展。

（四）学政育人

万历初年的学政，在张居正眼中弊端很多，无论是学校中使用的教材，还是学政队伍，都有不尽如人意的地方。为了能尽快培养出适合改革后的人才，张居正在万历三年上疏，请求改革学政。

明代官学较为兴盛，是统治者培养官吏的主要机构。北京和南京设有国家最高学府国子监，地方各府、州、县办有府学、州学、县学，并规定只有官学学生才能有资格参加科举考试。这样就

形成了教育、科举、做官的体系。学校成了科举的附庸，通过学校渴求知识和掌握实际技术技能的功用降低了。明初对科举取士的考试录取标准，也做了严格规定。按照明朝制度，乡试、会试均考三场：初场考经义和四书义，第二场和第三场考经史事务对策及论、判、诏、诰、表等应用公文写作，三场考试成绩都优秀者，才可以取士。可是在执行过程中总会出现一些偏差，常常以考经义、四书义的成绩作为录取标准。考经书义只是在重复圣贤之言，以不许自由发挥的八股文为考试方法，这样就造成了学生只会背经文，不通晓政事的局面。这种形式，怎么能选出治国安邦的人才呢？

张居正在对学政的治理上首先从学校中的教材入手，以扩大知识面，改变学生孤陋寡闻的现象。他规定，除四书五经之外，还要学习《性理大全》《历代名臣奏议》《资治通鉴纲目》《大学衍文》等书，以及朝廷的法令和典章制度。为了纠正学风，他又对科举取士的考试制度严加规范，重申三场考试要同等对待，只有三场考试成绩俱佳者才能列为

上等，并强调，后两场成绩优秀、但初场成绩一般的人，根据录取名额可"酌量收录"，而初场成绩优秀，但后两场成绩较差者，一概不得录取。如果发现作弊，立即剥夺考试资格，并给予较重的处分。张居正的行为对于减轻八股文对广大学子的毒害、不再束缚他们的思想，起了重要的作用，也不再把八股文作为取士的唯一标准。以前明代科举考试中常出一些四书五经的三五百字，可是当这些都出完了，反倒难住考官了，出题者比做题者还难。于是题目就越出越怪，把书上不相干的内容放在一起，让

学生去理解其中的含义。对于考生而言，
只能把精力放在对这些内容的熟练程度
和理解上，答卷也越来越空，考官也常
常敷衍了事。张居正对于这种做法非常
反感，也曾深受其害，他表示力求"明
白睁大"，不出偏题、怪题，尽量切合实
际。除了在教材的考虑、考试的制度上
的改革外，张居正也认识到了学政队伍
对于改革的重要性。于是对学政队伍进
行了切实的整顿。明代的学政负责人在
进入正统以后，地方是二级建制，基层
的府、州、县设有提调官，负责本地区
学生的考核。在府、州、县以上的各省，
设有提学官，负责本省学区学生的录取、

奖惩等事宜。提调官和提学官权力很大，地方的其他行政、监察人员都无权干涉他们的公务，除非犯法，才可由巡按弹劾。为了考核提调官、提学官是否称职，张居正对他们采取了三个方面的整顿措施。第一，进一步明确了提调官和提学官的职责。万历三年，规定：府、州、县的提调官要严格执行学规。对学生要按时考核，定期检查作业。第二，加强监督。张居正运用考成法。万历四年规定，每科乡试结束后，由吏部立即对提学官进行审查，分出等次，然后按等予以奖惩。

第三，慎选学官。万历二年张居正要求吏部、礼部在挑选学官时，"务选年力精壮、学行著闻者"任职，即学识、品行、精力都符合者才能担任学官。张居正的这些措施，使万历初年的学政有所改观，初步扭转了学政腐败的局面。

约束生员、严格淘汰也是张居正学政整顿中的一项重要内容。生员，就是明代地方官学的学生。明初的生员名额，府学四十人，州学三十人，县学二十人。宣德三年（1428年）后，全国两千多所官学学生总数大约有三万多。到正德年间总数大约有六万人左右。这些生员，

分为三等。在当时称为秀才的，地位就比普通人高出一些，见了知府可以不用下跪，官府也不能随便对他们动用刑罚。最主要的是，生员享有国家统一规定的生活待遇。这些生员，成了国家一项不小的财政开支。为了减少开支，张居正在万历三年制定了严格的考试淘汰制度，要求提学官在每年一次的岁考中，"严加校阅"，对学业荒疏、资质平庸的学员，立即开除学籍，决不姑息。同时还裁减了生员名额，规定大府不得超过二十人，

大州、大县不得超过十五人，此项措施仍然用考成法来监督，得到贯彻实施。当时生员在学习之余，都特别热心于政治，对某一官员进行评头论足。禁止生员干政是明代高度专制集权的内容，统治者需要的不是具有积极主动精神的官吏，而是俯首帖耳的奴才。张居正也是那个时代的人，当然他也不能逃出那个时代的界限，只能用加强专制的办法强迫生员专心读书。

在明代的教育体制中，还有一种书院的制度。书院制度从宋初到清末，存在了近千年之久。书院多是由私人创办，对于那些不能进入官学的人来讲，也同样有接受教育的机会，起着补充官学不足的作用，也使各种思想与文化在中国古代社会中徜徉。书院在明代嘉靖年间达到极盛，大约有七百多所，占明代书院总数的百分之六十。书院多由当时颇有盛名的王守仁、湛若水等理学大师讲演，在传播、创新和发展中国儒家文化上起了不可低估的作用。但是不免有些人空谈，窃取虚名，没有什么真才实学。张居正对这种聚众空谈之风十分反感。他认为古人的经书是圣贤留给后人的宝贵财富，士人读经是为了学习治国安邦、立身处世的道理，而且书院还要占去大量耕地作为办学经费，而这种有名无实的办学实在是扰民之举，所以他在万历七年下令："毁天下书院。"约束生员、毁天下书院这两项举措，后人非议颇多。从对教育的发展过程来看，确实存在很多的弊端，但是在明中期以后财政不理想的条件下，对于提高生员的质量，节省财政开支，推进改革的深入，也起着不可低估的作用。

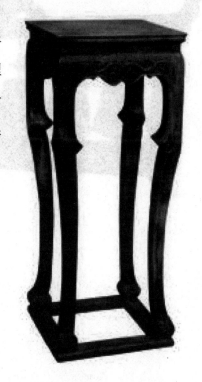

四、惊心动魄的夺情风波

万历五年，张居正从一个翰林院的编修成为当朝的首辅。张居正也在神宗的支持下实行新政，同时又以辅臣兼皇帝老师的身份，时时对皇帝进行教育。不仅张居正在政治上取得了非凡的成就，他的两个儿子也都相继考中。万历五年（1577年），也就是张居正次子中进士及第那年，张居正的父亲在九月病故。对于一般人而言，老父的去世只不过是家庭私事。然而对于张居正这样众目睽睽

的首辅大臣而言，如何处理亡父的丧事竟蒙上了一层浓烈的政治色彩。终于酿成了一场轰动一时的"夺情"风波。

张居正的父亲张文明，自治卿，号观澜，在科场仕途一直都不是很顺利，连续考了七次乡试，都名落孙山。在他20岁那年补了个府学生，一直到死，仍旧还是府学生。父以子贵，儿子既然是内阁首辅，父亲就非同一般了。万历五年，74岁的张文明患病，张居正本想请假省亲。但是正赶上皇上大婚，作为内阁首辅，他没有办法脱身，只得等到大婚以后再告假。原本想在万历六年夏初回到江陵探望老父亲，不料，万历五年九月十三日父亲病逝。九月二十五日，噩耗传到北京。第二天，张居正的同僚、内阁辅臣吕调阳与张四维上疏奏明皇上，引用先朝杨溥、金幼孜、李贤的"夺情"起复故事，请求皇上挽留张居正。明朝内外官吏人等有丁忧的制度。在遇到祖父母，亲父母的丧事，自闻丧日起，不计闰，守制二十七月，期满起复。"丁忧"指亲丧二十七个月中，必须解职，期满而后，照旧做官，称为"起复"。在二十七个月中，由皇上特别指定，不许解职，称为"夺情"。张居正照例咨吏部，请放回原籍守制。吏部随即就接到圣旨：

朕元辅受皇考付托，辅朕冲幼，安定社稷，朕深切依赖，岂可一日离朕？父制当守，君父尤重，准过七七，不随朝，

你部里即往谕著，不必具辞。

自从隆庆六年六月，张居正当国以来，这五年三个月的时间，整个国家安定了，政治上了轨道，经济有所发展，北边的俺答屈服了，张居正是形成这个局面的一个必不可少的人物，15岁的神宗处处依赖于他的老师，造成了张居正非留不可的局面。不许守制的上谕下来了，张居正再次上疏请求，自称"是臣以二十七月报臣父，以终身事皇上"，但是语气不是十分的坚定。后来张居正又上《再乞守制疏》，神宗和吕调阳、张四维说起，即使张居正再上百本，也不能准。夺情的局势既成，张居正也没有回旋的余地，他提出了五个条件：

（一）所有应支俸薪，概行辞免。

（二）所有祭祀吉礼，概不敢与。

（三）入侍讲读，在阁办事，俱荣青衣角带。

（四）章奏具衔，准加"守制"二字。

（五）仍容明年乞假葬父，便迎老母，一同来京。

神宗除了对他所提出的第五条不同意外，其他一律答应。这就是张居正的"在官守制"。为了表明他的虔诚之心，特地辞去了俸禄。神宗过意不去，向内府及衙门下旨，给张居正更好的俸禄待遇。神宗以这种方式表明了他对张居正"在官守制"的支持。"夺情起复"的局面终于定下来了，张居正于七七之后仍入阁办事，大权在握。没有想到的是，这样的一种安排激起了一些官僚的强烈反对，是神宗和张居正都没有料到的。

反对最为激烈的是，翰林院编修吴中行、检讨赵用贤、刑部员外郎艾穆、主事沈思孝，他们都写了措辞很严厉的奏疏，弹劾张居正。十月十八日，张居正的门生吴中行首先上疏，吴中行上疏的第二天，张居正的另一个门生，隆庆五年进士赵用贤也上疏。第三天，艾穆、沈

思孝又联名上疏。这些人上疏谴责"夺情",出发点当然是传统伦理纲常,其中也夹杂着对张居正的不满情绪,使"夺情"又蒙上了一层浓浓的政治色彩。奏疏呈进之后,司礼太监冯保将其给张居正看。张居正很生气,准备对四个人实行廷杖,用这种非常的手段来制止这种风气的蔓延。其他官员知道这件事情后,向张居正求情,请求他宽恕上疏反对"夺情"的四个人,结果还是没有能挽救他们。十月二十二日,神宗降旨:

命锦衣卫逮吴、赵、艾、沈四人至午门前廷杖。吴、赵二人各杖六十,发回原籍为民,永不叙用;艾、沈二人各杖八十,发边关充军,遇赦不宥。

在七七之后，张居正虽然不入阁办事，但是对于国事，从未放手，内阁的公文，一直送到孝帏批阅。到十一月初，七七已满，选定初六为好日子，又入阁办事。

确实，"夺情"事件可算得上万历五年政坛上的一件大事，它的影响很大，震动了朝野，民间也议论得沸沸扬扬。然而伦理纲常的力量，始终还是敌不过强大的政权力量。在反对"夺情"的人群中，也有一些人打着伦理纲常的幌子，对张居正和万历新政有所不满，企图迫使张居正离职，以达到中断新政的目的。也有一些人处于道德方面的考虑，为了端正民俗民风，而冒着生命危险犯颜。对于张居正而言，在衡量新政与守制之间的轻重后，也是冒着天下之大不韪，策划了"夺情"事件，并坚持到底，毫不退让。他的手段我们先不做评价，他的精神倒是令人感动。

五、权倾朝野的宰辅生涯

（一）话说宰相

宰相是百官之长，是丞相的通称，战国时称相邦、相国或丞相。封建国家的君主在建立政权之后，为了防止政权落入别人的手中，有时还必须采取必要的措施加以限制，始终处于一种进退为难的状态。

秦朝统一中国后，在新的官僚机构

中，皇帝之下设立丞相、太尉、御史大夫。丞相是百官之首，负责辅佐皇帝，总揽朝政，权力很大。到了隋唐时期，实行了新的宰相制度，以尚书、门下、内史三省首脑为宰相，三省可以互相制约。由内史负责拟旨，门下负责审核，尚书负责执行。尤其在唐代，皇帝为了限制三省权限，还常常挑一些品级低的官员，加以"同中书门下三品"等名称，也让其担当宰相职务。为了分散宰相的权力，唐代还设有枢密使。宋代初期，官职和唐代基本上是一致的，宋太祖赵匡胤让同中书门下平章政事为宰相，设三个参知政事为副职。宋神宗五年又进行了改革，以尚书左右仆射为宰相，并且又以尚书左右丞代替参知政事为副宰相。到了明代，太祖朱元璋为了加强自己的权力，又根据历朝灭亡的教训，废除了相承已久的宰相制度，原来中书省的政事全部归六部管辖，使中央各权力部门

互不统属，大权统归皇帝。为了解决拟旨、定制、批示等工作问题，让一些在内廷工作的学士、讲官以及翰林院中人员辅助。开始时没有定编，也没有定职，直到明永乐皇帝登基后，才将处理这些文书的人给予定员，也有了固定的称呼，这就是内阁的"阁臣"，也称为"内阁大学士"。明代的"阁臣"有首辅和次辅之分，首辅具有拟旨、批示的权力，并且兼任六部尚书的正二品官位，虽然没有宰相之名，却有宰相之实，权力仍旧很大。

与明朝那些庸相相比，张居正显出了他的英雄本色。张居正是明朝中期以后非常时期的第一任宰辅，"非常"一词具有两层意思，一是就国君而言，是一个不能独立掌握政权的 10 岁的幼主，必须得有人代为执行国君的使命，于是这个重任就落到了张居正的身上。第二点就是当时的国势很不理想，政治混乱，

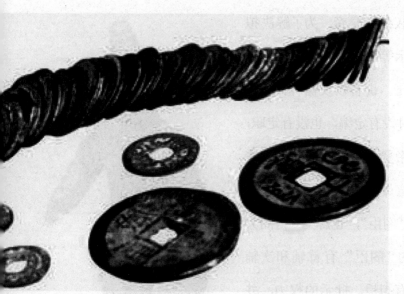

财政衰竭，外面还有俺答的不断入侵，内忧外患，整个国家面临着覆亡的危险。

1. 皇帝的老师

明代皇帝的教育，一种是经筵，一种是日讲。经筵一般是每月逢二（初二、十二、二十二）举行，当然寒暑假除外。举行经筵的时候相当隆重，勋臣、大学士、六部的尚书、翰林学士都要到齐，由翰林院和国子监的人讲解经史。白天在文华殿举行，不用平时的侍卫等官，只有讲读官及内阁的学士和皇上一起学习。在万历初年的时候，内阁首辅张居正以他的资望和地位赢得了神宗和他的母亲李太后的尊重,被尊称为"张先生",从此,对神宗进行教育的这个任务就落到了张居正的身上。张居正亲自为神宗编制了功课表,规定经筵从二月二十二日起至五月初二是上学期,共计九讲。从八月十二日到十月初二是下学期,也是九讲。没有特殊原因,不得自动停课。虽然神宗贵为天子,但是张居正对于他的要求丝毫没有放松,甚至要更加严格。神宗皇帝的功课主要有三项内容:经书、书法和历史。为了保证教学质量,张居正精心挑选了五个主讲经史的老师,两个教书法的老师和一个侍读。侍读就是古代陪同学生一起读书的人。经史的教材,除了传统的四书五经外,张居正还加了《贞观政要》《通鉴节要》等杂史,以便神宗能够学习先人治国的长处,尽早担当起治理国家的重任。张居正还教神宗学习太祖、成祖对于奏章的批阅,防止宦官独

揽大权。与此同时，还严格要求神宗上朝，以避免产生君主与臣子之间的隔阂，形成君主被宦官包围并受控于宦官的局面。张居正与神宗的关系，在万历六年以前，还是相当融洽的，在神宗幼小的心灵中，除了两宫皇太后和与他朝夕相处的大太监冯保外，就是张居正先生了，张居正在他心目中是一个智慧的象征，他对张居正也是言听计从，尊崇有加。

2. 管理政事

神宗虽然不完全参与政事，但是有一点，他坚定地站在张居正后面，做他坚定有力的后盾，虽然改革的过程之中遇到了很多的艰难险阻，但是值得欣慰的是，万历新政还是实行下来了。可以说，万历新政让明中后期有了欣喜的气象。

但是在张居正实际操作过程之中，神宗只是例行公事地每天批示。关于重要的人事任免，总是由张居正和吏部提出几个候选名单，让皇帝去选定。而皇帝则知道每次第一位的人是最称职的，实际上张居正还是最终权力的操纵者。张居正什么事情都不让神宗小皇帝插手实际上是不明智的，等小皇帝长大，必然会留下隐患。

3. 勇于谏言

中国古代官场的关系非常复杂，"中庸"的态度一直被各级官僚所推崇，看上面脸色行事。但是，也有一些人，敢于表达出自己内心的想法。直言敢谏历来就被认为是中国古代官员正直的一个标志。以唐代的"魏征"和明代的"海瑞"最为典型。但是，谏言在官场之中是有很大风险的。因为提出的意见、方案并不一定能被君主和上司所赏识，即使被接受，也会有一个效果好坏问题，因此

可能会被别人议论或者追究责任。如果自己的想法不是很成熟，就不会去冒那个风险。另外，还需要有胆识、度量去包容一切，所以中国历代都将直言敢谏奉为美德。

张居正就任内阁首辅之后，当时的情况是国库亏空，入不敷出。为了实现国富民强，他在财政方面主要实行开源和节流两个方法，当然，节流只不过是暂时缓和的一个手段而已，张居正把这个矛头指向了最难解决的皇家的奢侈消费。万历五年，神宗想要为两位太后重修慈庆、慈宁两宫，以表示孝心。张居正认为慈宁、慈庆两宫建于万历二年，至今还没有过三年，没有重修的必要，于是他委婉相劝："而今天下，民穷财尽，国用屡空，就是有意节省还怕落不是呢！如若浪费，后果就不堪设想了。事已如此，省一分则为百姓受一分赐。这样，天下黎民就会众口一词，祝圣母万寿无疆，

也会称赞皇上之大好啊！"

神宗听了之后，感觉也是如此，这项不必要的基本建设就停止了，节省了几十万两银子。像这样的事情还有很多，就不一一列举。勇于谏言，虽然符合古代官员忠良的风格，却以牺牲个人为前提，节约、节省一些，百姓就减少一部分的负担，相反的，就会引起一些人的不满，张居正也为此付出了代价。所以，谏臣好当，良臣难为。

（二）鞠躬尽瘁

张居正从他被任命为内阁首辅到他去世之时，大权都紧握在自己的手中，说明他很爱权。神宗也只是一个名义上的皇帝而已。作为一朝的宰相，贪权是很正常的事情，关键看是"以权谋私"还是"以权治国"。前者我们都不能忍受，利用自己的职权为非作歹，把王朝

推向没落，我们都对此嗤之以鼻。但是后者则不同了，要想自己的想法获得支持和成功，必须有强有力的权力作为基础，使本已经走向没落的王朝看到光明。清末著名的"百日维新"，是适应当时清末混乱社会的一种新思想，结果还是以失败告终。康有为、梁启超没有找到一个强有力的政权对他们进行支持，也是其失败的一个很重要的原因，由此可见权力的重要性。关于张居正的"恋位"问题，万历五年张居正的父亲张文明去世，他没有回乡去守制，引发了一场"夺情"风波，皇帝不希望张居正离开，张居正也不想离开，其中一个很重要的原因就是当时改革的大幕已经拉开，还需要发展和巩固，如果这个时候回家守制三年，政敌很容易把他从首辅的位置拉下来，以终止改革。

万历八年（1580 年），张居正的富国强兵的愿望已经基本实现，神宗也已经

18岁，他感觉到，在朝中任首辅，可能是他的荣耀，但时间太久也会成为他祸害的根源。所以，功成身退，才是最明智之举。同年二月，张居正上《归政乞休疏》，请求致仕，神宗下诏不准。之后，张居正又上《再归政乞休疏》，说得更为痛切，坚持致仕。他在奏疏中以身体多病为由，并委婉提出，这次致仕，只是暂时休息，如果以后国家有事，必当报效国家，在所不辞。张居正在第二次上疏之后，就不再去内阁办事了，但是神宗不准。自从神宗登基以来，所有繁重政务都是张居正全权处理，就在张居正回江陵去葬他的老父亲的时候，一些要务还遣去江陵要张居正进行处理。所以这时的小皇帝，离开张居正，还是步履维艰。于是神宗派人传谕，又传慈圣太后的口谕，召张居正回来。在这种情况下，张居正只得再回内阁继续办事。

张居正最为可贵的地方，就是他在

任一天，就能进取改革一天。万历九年
（1581 年），张居正在万历三年裁汰冗员
的基础上，又下令裁汰了冗员一百六十多
人，节省了国家的财政开支，提高了行
政效率。同年，又实行了在土地改革中
有质的飞跃的"一条鞭法"，五月，张居
正奏请民间卖马以解决民间养马的困苦。
万历十年（1582 年），张居正奏请免除宿
捕，减免了百姓的负担，使百姓生活大
大改善。

万历九年，张居正病倒。张居正请
求回家进行静养。神宗派御医前往张居
正的住所进行诊治，并赐物进行慰问。
万历十年六月，张居正的病情也不见好
转，再次请求致仕。神宗依旧不准。六
月十九日，张居正的病势已经非常严重。
神宗再派太监慰问，在昏迷之中，张居
正说了几句不明不白的话。六月二十日，
张居正离开了这个世界。